APPRENANTS CURIEUX

CURIOUS LEARNERS

PART 2

A BEGINNER'S GUIDE TO CONVERSE IN FRENCH FLUENTLY

Written by: SHALINI SINGH

1

TABLE DES MATIERES

CHAPTER 1

CREER DES PHRASES

(creating sentences)

French	**English**
bon	good
c'est	it is/ this is
C'est bon.	It's good
petit	small
C'est petit.	It's small.
mauvais	bad
C'est mauvais.	It's bad.
sympathique/ sympa	nice
C'est sympathique.	It's nice.
fantastique	fantastic
C'est fantastique.	It's fantastic
absolument	absolutely
C'est absolument bon.	It's absolutely good.
C'est absolument petit.	It's absolutely small.
C'est absolument mauvais.	It's absolutely bad.
C'est absolument fantastique.	It's absolute fantastic.
ici	here
C'est ici.	It's here.
C'est bon ici.	It's good here.
C'est mauvis ici.	It's bad here.
C'est sympathique ici.	It's nice here.
C'est fantastique ici.	It's fantastic here.
C'est absolument bon ici.	It's absolutely good here.
C'est absolument mauvis ici	It's absolutely bad here

C'est absolument fantastique ici.   It's absolutely fantastic here.
trés   very
trés bon   very good
trés petit   very small
trés mauvis   very bad
trés sympathique   very nice
C'est trés bon.   It's very good.
C'est trés bon ici.   It's very good here.
C'est trés petit.   It's very small.
C'est trés mauvis.   It's very bad.
C'est trés sympathique.   It's very nice.
C'est trés sympathique ici.   It's very nice here.

CHAPTER 2
NOMBRES

(numbers)

0	zéro
1	un
2	deux
3	trois
4	quatre
5	cinq
6	six
7	sept
8	huit
9	neuf
10	dix
11	onze
12	douze
13	treize
14	quatorze
15	quinze
16	seize

17	dix-sept
18	dix-huit
19	dix-neuf
20	vingt
21	vingt-et-un
22	vingt deux
23	vingt trois
24	vingt quatre
25	vingt cinq
26	vingt six
27	vingt sept
28	vingt huit
29	vingt neuf
30	trente
31	tente-et-un
32	trente deux
33	trente trois
34	trente quatre
35	trente cinq
36	trente six
37	trente sept

38	trente huit
39	trente neuf
40	quarante
41	quarante-et-un
42	quarante deux
43	quarante trois
44	quarante quatre
45	quarante cinq
46	quarante six
47	quarante sept
48	quarante huit
49	quarante neuf
50	cinquante
51	cinquante-et-un
52	cinquante deux
53	cinquante trois
54	cinquante quatre
55	cinquante cinq
56	cinquante six
57	cinquante sept
58	cinquante huit

59	cinquante neuf
60	soixante
61	soixante-et-un
62	soixante deux
63	soixante trois
64	soixante quatre
65	soixante cinq
66	soixante six
67	soixante sept
68	soixante huit
69	soixante neuf
70	soixante dix
71	soixante onze
72	soixante douze
73	soixante treize
74	soixante quatorze
75	soixante quinze
76	soixante dix-six
77	soixante dix-sept
78	soixante dix-huit
79	soixante dix-neuf

80	quatre vingts
81	quatre-vingt--un
82	quatre-vingt—deux
83	quatre-vingt—trois
84	quatre-vingt—quatre
85	quatre-vingt—cinq
86	quatre-vingt—six
87	quatre-vingt—sept
88	quatre-vingt--huit
89	quatre-vingt--neuf
90	quatre-vingt—dix
91	quatre-vingt-onze
92	quatre-vingt—douze
93	quatre-vingt—treize
94	quatre-vingt—quatorze
95	quatre-vingt—quinze
96	quatre-vingt—seize
97	quatre-vingt—dix-sept
98	quatre-vingt—dix-huit
99	quatre-vingt—dix-neuf
100	cent

CHAPTER 3

MOTS ET PHRASES COURANTS

(Common words and sentences)

French	English
Bon matin	Good morning
Bon jour	Good day
Bon après midi	Good afternoon
Bon soir	Good evening
Bonne nuit	Good night
Salut	Hi
Monsieur	Sir
Madame	Madam
Mademoiselle	Miss
Au revoir	Goodbye
Comment allez-vous?	How are you?
Bienvenue	welcome
Merci	Thank you
désolé	sorry
À demain	See you tomorrow
À Bientôt	See you soon
Je vais bien, merci	I am fine, thank you
Pas bien	Not well
Pas mal	Not bad
Quel est ton nom?	What is your name?

Mon nom est---	My name is--
Oui	Yes
Non	No
S'il vous plait	Please
Excusez-moi	Excuse me
Pardonnz-moi	Pardon me
Aujourd'hui	Today
Demain	Tomorrow
hier	yesterday
Comment vous appelez-vous?/ Comment t'appelles yu ?	What's your name ?
Je ne comprends pas.	I don't understand.
Que veut dire ca ?	What does that mean ?
Merci beaucoup	Thanks a lot
Enchante (on shon tay)	Nice to meet you
Ca roule ?	How's it going ?
Et toi ?	And you ?
Ca va le travail ?	How's work ?
De rien (duh ryan)	It's nothing
Je suis desole.	I am sorry.
Vas-y/ allez-y	Go on/ go ahead
Vas-y, sers-toi !	Go ahead, help yourself !
Pouvez-vous ?	Can you ?
Au secours !	Help !
Quoi ? (kwah)	What ?
Quand ? (kon)	When ?
Qui ? (kee)	Who ?

Comment ? (komon)	How ?
Combien ? (kom byan)	How many ?
Ou ? (oo)	Where ?
Pourquoi ? (pou kwah)	Why ?
Quel/ quelle/ quels/ quells ? (kel)	Which ?
Quelle heure est-il ?/ il est quelle heure ?	What's the time ?
Peut-etre	maybe
jamais	never

CHAPTER 4
TOUT SUR LA FAMILLE

(all about family)

French	English
ma famille	my family
mes grands parents	my grand parents
mon grand père	my grand father
mon grand mere	my grand mother
arriere grand pere	great grandfather
arriere grand mere	great grandmother
parents	parents
pere	father
mere	mother
frère-	brother

soeur	sister
oncle	uncle
tante	aunt
mon cousin	my cousin (male)
ma cousin	my cousin (female)
belle-mere	step mother
beau-pere	step father
demi-frere	half brother
demi-soeur	half sister
fils	son
fille	daughter
gendre	son in law
bru	daughter in law
beau-pere	father in law

belle-mere	mother in law
mari/ epoux	husband/ spouse
femme/epouse	wife/ spouse
neveu	nephew
niece	niece
petit-fils	grandson
petite-fille	granddaughter
arriere petit-fils	great grandson
arriere petite-fille	great grand daughter
un aine/une ainee	refers to an elder brother/sister
un cadet/une cadette	refers to a younger brother/sister
le benjamin/la benjamine	refers to the youngest child in the family
la famille etendue	extended family
la famille recompose	blended family

LIS (Read)

Bonjour ! je m'appelle Shalini Singh. Je suis un Indien. Je vis dans une famille recomposee. Je vis avec mes parents, un frere cadet et une sœur ainee. Mes grands-parents, mon oncle, ma tante et mes cousins vivent aussi avec nous. C'est amusant de vivre dans une famille recomposee. J'adore ma famille.

Good afternoon ! I am Shalini Singh. I am an Indian. I live in a blended family. I live with my parents, a younger brother and an elder sister. My grandparents, uncle, aunt and cousins also live with us. It is fun to live in a blended family. I love my family.

CHAPTER 5
CREER DES PHRASES NEGATIVES

(creating negative sentences)

French	**English**
est	is
n'est pas	isn't
Ce n'est pas.	It isn't.
Ce n'est pas bon.	It isn't good.
Ce n'est pas petit.	It isn't small.
Ce n'est pas mauvais.	It isn't bad.
Ce n'est pas sympathique.	It isn't nice.
Ce n'est pas fantastique.	It isn 't fantastic.
Ce n'est pas absolument bon.	It isn't absolutely good.
Ce n'est pas absolument petit.	It isn't absolutely small.
Ce n'est pas absolument mauvais.	It isn't absolutely bad.
Ce n'est pas absolument fantastique.	It isn't absolute fantastic.
Ce n'est pas ici.	It isn't here.
Ce n'est pas bon ici.	It isn't good here.
Ce n'est pas mauvis ici.	It isn't bad here.
Ce n'est pas sympathique ici.	It isn't nice here.
Ce n'est pas fantastique ici.	It isn't fantastic here.
Ce n'est pas absolument bon ici.	It isn't absolutely good

	here.
Ce n'est pas absolument mauvis ici.	It isn't absolutely bad here.
Ce n'est pas absolument fantastique ici.	It isn't absolutely fantastic here.
Ce n'est pas très bon.	It isn't very good.
Ce n'est pas très bon ici.	It isn't very good here.
Ce n'est pas très petit.	It isn't very small.
Ce n'est pas très mauvis.	It isn't very bad.
Ce n'est pas très sympathique.	It isn't very nice.
Ce n'est pas très sympathique ici.	It isn't very nice here.
Ce ne pas bon ici ; c'est absolument fantastique.	It isn't good here ; it's absolutely fantastic.
Ma famille est ici.	My family is here.
Ma famille ce n'est pas ici.	My family isn't here.
Ma famille est fantastique.	My family is fantastic.
Ma famille est absolument fantastique.	My family is absolutely fantastic.
Ma famille est bonne.	My family is good.
Ma famille est très bonne.	My family is very good.
Ma famille est bonne ici.	My family is good here.
Ma famille est très sympathique.	My family is very nice.
Ma famille ce n'est pas tres sympathique.	My family isn't very nice.
Ma famille est petite.	My family is small.
Ma famille ce n'est pas petite.	My family isn't small.
Ma famille est une famille etendue.	My family is an extended family.

Ma famille ce n'est pas une famille etendue.	My family isn't an extended family.
Ma famille est une famille recompose.	My family is a blended family.
Ma famille ce n'est pas une famille recompose.	My family isn't a blended family.
sont	are
Mon (masculine)/ Ma (feminine)/ Mes(plural)	My
ne sont pas	aren't/ are not
Mes grands parents sont ici.	My grandparents are here.
Mes grands parents ne sont pas ici.	My grand parents aren't here.
Mes grands parents sont fantastique.	My grand parents are fantastic.
Mes grands parents sont absolument fantastique.	My grand parents are absolutely fantastic.
Mes grands parents sont bons.	My grand parents are good.
Mes grands parents sont très bons.	My grand parents are very good.
Mes grands parents sont bons ici.	My grand parents are good here.
Mes grands parents sont très sympathiques.	My grand parents are very nice.
Mes grands parents ne sont pas très sympathiques.	My grand parents aren't very nice.
Mon grand père est ici.	My grand father is here.

Mon grand pere ce n'est pas ici.	My grandfather isn't here.
Mon grand père est fantastique.	My grand father is fantastic.
Mon grand père est absolument fantastique.	My grandfather is absolutely fantastic.
Mon grand père est bon.	My grand father is good.
Mon grand père est très bon.	My grandfather is very good.
Mon grand père est sympathique.	My grand father is nice.
Mon grand père est très sympathique.	My grandfather is very nice.
Mon grand père ce n'est pas très sympathique.	My grand father isn't very nice.
Mon grand père ce n'est pas très sympathique ; Il est fantastique.	My grand father isn't very nice ; he is fantastic.
Mon grand mère est ici.	My grand mother is here.
Mon grand mere ce n'est pas ici.	My grandmother isn't here.
Mon grand mère est fantastique.	My grand mother is fantastic.
Mon grand mère est absolument fantastique.	My grandmother is absolutely fantastic.
Mon grand mère est bon.	My grand mother is good.
Mon grand mère est très bon.	My grandmother is very good.
Mon grand mère est sympathique.	My grand mother is nice.
Mon grand mère est très	My grandmother is very

sympathique.   nice.

- Mon grand mère ce n'est
  pas très sympathique.   My grand mother isn't
                                    very nice.

Mon grand mère ce n'est pas très   My grand mother isn't
sympathique ; elle est fantastique.   very nice; she is fantastic

You could similarly form sentences for the following:

French	English
arrière grand pere	great grandfather
arrière grand mere	great grandmother
parents	parents
pere	father
mere	mother
frère	brother
soeur	sister
oncle	uncle
tante	aunt
mon cousin	my cousin (male)
ma cousin	my cousin (female)
belle-mere	step mother
beau-pere	step father

demi-frere	half brother
demi-soeur	half sister
fils	son
fille	daughter
gendre	son in law
bru	daughter in law
beau-pere	father in law
belle-mere	mother in law
mari/ epoux	husband/ spouse
femme/epouse	wife/ spouse
neveu	nephew
niece	niece
petit-fils	grandson
petite-fille	granddaughter
arrière petit-fils	great grandson
arrière petite-fille	great grand daughter
un aine/une ainee	an elder brother/sister
un cadet/une cadette	a younger brother/sister
le benjamin/la benjamine	the youngest child in the family
la famille etendue	extended family
la famille recompose	blended family

CHAPTER 6

FORMER DES PHRASES EN UTILISANT DE NOUVEAUX

(forming sentences using some new words)

Nouveaux mots- new words

French	English
il	he
elle	she
extraordinaire	extraordinary
beau (masculine)/ belle (feminine)	beautiful
délicieux (masculine)/ délicieuse (feminine)	delicious
mauvais (masculine)/ mauvaise (feminine)	bad
parfait (masculine)/ parfaite(feminine)	perfect
terrible	terrible
pour moi (if at the end of the sentence)	for me
pour moi (if at the beginning of the sentence)	I think/ in my opinion

Phrases- sentences

French	English
C'est délicieux.	It is delicious.
C'est très délicieux.	It's very delicious.
Pour moi c'est délicieux.	I think it's delicious.
Pour moi c'est très délicieux.	I think it's very delicious.
Ce n'est pas délicieux.	It isn't delicious.
C'est délicieux pour moi.	It's delicious for me.
C'est absolument délicieux.	It is absolutely delicious.
C'est absolument délicieux pour moi.	It's absolutely delicious for me.
Pour moi c'est absolument délicieux.	I think it's absolutely delicious.
C'est extraordinaire.	It is extraordinary.
Pour moi c'est extraordinaire.	I think it's extraordinary.
Ce n'est pas extraordinaire.	It isn't extraordinary.
Pour moi ce n'est pas extraordinaire.	I think it isn't extraordinary.
C'est absolument extraordinaire.	It is absolutely extraordinay.
Pour moi c'est absolument extraordinaire.	I think it's absolutely extraordinary.
Ce n'est pas extraordinaire.	It isn't absolutely extraordinay.
C'est extraordinaire ici.	It is extraordinary here.
Pour moi c'est extraordinaire ici.	I think it's extraordinary here.
Ce n'est pas extraordinaire ici.	It isn't extraordinary here.
C'est absolument extraordinaire ici.	It is absolutely extraordinary here.
Pour moi c'est absolument extraordinaire ici.	I think it's absolutely extraordinary here.

C'est absolument extraordinaire pou moi. / It is absolutely extraordinary for me.

C'est beau. / It is beautiful.

Pour moi c'est beau. / I think it's beautiful.

C'est beau pour moi. / It's beautiful for me.

Ce n'est pas beau. / It isn't beautiful.

C'est beau ici. / It is beautiful here.

C'est très beau. / It is very beautiful.

Pour moi c'est très beau. / I think it's very beautiful.

C'est très beau ici.- / It is very beautiful here.

Pour moi c'est très beau ici. / I think it's very beautiful here.

C'est absolument beau. / It is absolutely beautiful.

Pour moi c'est absolument beau ici. / I think it's absolutely beautiful here.

C'est absolument beau ici. / It is absolutely beautiful here.

Ce ne pas bon; c'est absolument extraordinaire. / It is not good; it is absolutely extraordinary.

Pour moi ce ne pas bon, c'est absolument extraordinaire. / I think it's not good, it's absolutely extraordinary.

C'est mauvais. / It's bad.

Pour moi c'est mauvais. / I think it's bad.

C'est mauvais pour moi. / It's bad for me.

Ce ne pas mauvais. / It isn't bad.

Pour moi ce ne pas mauvais. / I think it isn't bad.

Ce ne pas mauvais pour moi. / It isn't bad for me.

C'est très mauvais. / It's very bad.

Pour moi c'est très mauvais. / I think it's very bad.

C'est très mauvais pour moi. / It's very bad for me.

Ce ne pas très mauvais. / It isn't very bad.

Pour moi ce ne pas très mauvais. / I think it isn't very bad.

C'est mauvais ici. / It's bad here.

Ce ne pas mauvais ici.	It isn't bad here.
C'est très mauvais ici.	It's very bad here.
Ce ne pas très mauvais ici.	It isn't very bad here.
C'est terrible.	It's terrible.
Pour moi c'est terrible.	I think it's terrible.
C'est terrible pour moi.	It's terrible for me.
Ce ne pas terrible.	It isn't terrible.
Pour moi ce ne pas terrible.	I think it isn't terrible.
C'est absolument terrible.	It's absolutely terrible.
Pour moi c'est absolument terrible.	I think it's absolutely terrible.
C'est terrible ici.	It's terrible here.
Pour moi c'est terrible ici.-	I think it's terrible here.
Ce ne pas terrible ici.	It isn't terrible here.
C'est absolument terrible ici.	It's absolutely terrible here.
Pour moi c'est absolument terrible ici.	I think it's absolutely terrible here.
C'est parfait.	It's perfect.
C'est parfait pour moi.	It's perfect for me.
Pour moi c'est parfait.	I think it's perfect.
Ce ne pas parfait.	It isn't perfect.
Ce ne pas parfait pour moi.	It isn't perfect for me.
Pour moi ce ne pas parfait.	I think it isn't perfect.
C'est parfait ici.	It's perfect here.
Pour moi c'est parfait ici.	I think it's perfect here.
C'est parfait ici pour moi.	It's perfect here for me.
Ce ne pas parfait ici.	It isn't perfect here.
C'est absolument parfait.	It's absolutely perfect.
Pour moi c'est absolument parfait.	I think it's absolutely perfect.
C'est absolument parfait pour moi.	It's absolutely perfect for me.

C'est absolument parfait ici.	It's absolutely perfect here.
Pour moi c'est absolument parfait ici.	I think it's absolutely perfect here.
Il est extraordinaire.	He is extraordinary.
Il n'est pas extraordinaire.	He isn't extraordinary.
Pour moi il n'est pas extraordinaire.	I think he isn't extraordinary.
Pour moi il est extraordinaire.	I think he is extraordinary.
Il est absolument extraordinaire.	He is absolutely extraordinary.
Pour moi il est absolument extraordinaire.	I think he is absolutely extraordinary.
Elle est extraordinaire.	She is extraordinary.
Elle n'est pas extraordinaire.	She isn't extraordinary.
Pour moi elle est extraordinaire.	I think she's extraordinary
Pour moi elle n'est pas extraordinaire.	I think she isn't extraordinary.
Elle est absolument extraordinaire.	She is absolutely extraordinary.
Pour moi elle est absolument extraordinaire.	I think she is absolutely extraordinary.
Il est beau.	He is beautiful/handsome.
Il n'est pas beau.	He isn't handsome.
Il est très beau.	He is very handsome.
Il n'est pas très beau.	He isn't very handsome.
Il est absolument beau.	He is absolutely handsome.
Il n'est pas absolument beau.	He isn't absolutely handsome.
Pour moi il est beau.	I think he is handsome.
Pour moi il n'est pas beau.	I think he isn't handsome.
Pour moi il est très beau.	I think he isn't very handsome.

Il est fantastique.	He is fantastic.
Il est parfait.	He is perfect.
Pour moi il est fantastique.	I think he is fantastic.
Pour moi i lest parfait.	I think he is perfect.
Il n'est pas fantastique.	He isn't fantastic.
Il n'est pas parfait.	He isn't perfect.
Elle est belle.	She is beautiful.
Elle n'est pas belle.	She isn't beautiful.
Elle est très belle.	She is very beautiful.
Elle n'est pas très belle.	She isn't very beautiful.
Elle est absolument belle.	She is absolutely beautiful.
Elle n'est pas absolument belle.	She isn't absolutely beautiful.
Pour moi elle est belle.	I think she is beautiful.
Pour moi elle n'est pas belle.	I think she isn't beautiful.
Pour moi elle est très belle.	I think she is very beautiful.
Pour moi elle n'est pas très belle.	I think she isn't very beautiful.
Pour moi elle est absolument belle.	I think she is absolutely beautiful.
Pour moi elle n'est pas absolument belle.	I think she isn't absolutely beautiful.
Elle est fantastique.	She is fantastic.
Elle est parfaite.	She is perfect.
Elle n'est pas fantastique.	She isn't fantastic.
Elle n'est pas parfaite.	She isn't perfect.
Pour moi elle est fantastique.	I think she is fantastic.
Pour moi elle est parfaite.	I think she is perfect.
Elle est absolument fantastique.	She is absolutely fantastic.
Elle est absolument parfait.	She is absolutely perfect.
Pour moi elle est absolument fantastique.	I think she is absolutely fantastic.

Pour moi elle est absolument parfait.	I think she is absolutely perfect.
Il est mauvais.	He is bad.
Il est très mauvais.	He is very bad.
Pour moi i lest très mauvais.	I think he is bad.
Pour moi i lest très mauvais.	I think he is very bad.
Elle est mauvaise.	She is bad.
Elle est très mauvaise.	She is very bad.
Pour moi elle est mauvaise.	I think she is bad.
Pour moi elle est très mauvaise.	I think she is very bad.
Il est terrible.	He is terrible.
Pour moi il est terrible.	I think he is terrible.
Elle est terrible.	She is terrible.
Pour moi elle est terrible.	I think she is terrible.
Pour moi il n'est pas mauvais , il est terrible.	I think he is not bad, he is terrible.
Pour moi il est absolument terrible.	I think he is absolutely terrible.
Pour moi elle n'est pas mauvaise, elle est terrible.	I think she is not bad, she is terrible.
Pour moi elle est absolument terrible.	I think she is absolutely terrible.

CHAPTER 7

VOCABULAIRE DE TOUS LES JOURS

(everyday vocabulary)

Salut! Bon matin
Bon matin Monsieur
Bon matin Madame
Bon matin Mademoiselle
Bon après midi Monsieur
Bon après midi Madame
Bon après midi
Mademoiselle
Bon soir monsieur
Bon soir madame
Bon soir mademoiselle
Bon jour madame
Bon jour mademoiselle
Bon jour monsieur
Bonne nuit madame
Bonne nuit mademoiselle
Bonne nuit monsieur
Au revoir monsieur
Au revoir madame
Au revoir mademoiselle

Au revoir tout le monde
Salut tout le monde
comment allez-vous ce
matin ?
Jew suis absolument
fantastique.
Je suis absolument
fantastique. Et toi?
comment est la vie?
la vie a été bonne
la vie a été difficile
l'année dernière a été
bonne
la vie est trépidante
ma vie est terrible
ma vie est absolument
merveilleux
l'année dernière a été
terrible
l'année dernière a été
agréable
ces dernières semaines ont
été agréables
ces dernières semaines ont
été terrible
tout va bien
tout va bien avec moi
tout va bien avec moi,

merci.
tout va bien avec moi,
merci. Et toi ?
comment avez-vous été?
comment avez-vous été? ça
fait si longtemps.
Qu'est-ce que tu fais
qu'avez-vous fait
Salut! Comment vas-tu?
Salut! comment fonctionne
le travail ?
Salut! Comment ça va?
bonjour monsieur!
Comment vas-tu?
bonjour madame!
Comment vas-tu?
bonjour mademoiselle!
Comment vas-tu?
Salut! Je suis si heureux de
vous voir.
Moi aussi
J'ai été vous manquant
Ma mère me manque
Mon père me manque
Mes amis me manquent
Comment va-t-elle?
Comment va-t-il?
comment vont-ils?

Comment allez-vous tous?
A plus tard
À demain
Je suis pressé.
Je suis pressé. À demain.
Je suis pressé. A plus tard.

Please excuse me. I am in a hurry.	Excusez-moi, s'il vous plaît. Je suis pressé.
Thank you for understanding.	Merci de votre compréhension.
Thank you for understanding me.	Merci de me comprendre.
Thank you for understanding us.	Merci d'avoir compris les États-Unis.
Thank you for being with us.	Merci d'être avec nous.
Thank you for being there for me.	Merci d'être là pour moi.
Love you./I love you.	Je t'aime.
Lots of love	beaucoup d'amour
Lots of love to you	beaucoup d'amour pour vous
Dear	Cher
Lots of love to you all	beaucoup d'amour à vous tous
Lots of love to the little one	beaucoup d'amour à la petite
Regards	salutations
Give my regards	donner mes salutations
Give my regards to your	donner mes salutations à vos

parents	parents
Give my regards to sir	donner mes salutations à monsieur
Give my regards to ma'am	donner mes salutations à madame
Enjoy	Profiter
Enjoy yourself	amusez-vous
Enjoy your day	profitez de votre journée
Enjoy your meal	profitez de votre repas
How is the weather?	Comment va le temps?
The weather is good.	Le temps est bon.
The weather is pleasant.	Le temps est agréable.
The weather is sad.	Le temps est superbe.
The weather is terrible.	Le temps est terrible.
It's too sunny.	Il fait trop beau.
It's too cold.	Il fait trop froid.
It's too hot.	Il fait trop chaud.
It's raining.	Il pleut.
It's raining heavily.	Il pleut beaucoup.
Excuse me! What is your name?	Veuillez m'excuser! Comment vous appelez-vous?
Excuse me, I can't understand.	Excusez-moi, je ne comprends pas.
Excuse me, what does that mean?	Excusez-moi, qu'est-ce que ça veut dire ?
Why are you late?	Pourquoi es-tu en retard ?
You are early today.	Vous êtes en avance aujourd'hui.
I am never late.	Je ne suis jamais en retard.

You are always on time.	Vous êtes toujours à l'heure.
You are always early.	Tu es toujours en avance.
You are never on time.	Tu n'es jamais à l'heure.
You are never late.	Tu n'es jamais en retard.
You are never here early.	Tu n'es jamais là tôt.
Who are you?	Qui es-tu?
What do you want?	Que veux-tu?
Happy birthday	Heureux anniversaire
Wish you a very happy birthday.	Je vous souhaite un très joyeux anniversaire.
Today is my birthday.	Aujourd'hui, c'est mon anniversaire.
It's not my birthday.	Ce n'est pas mon anniversaire.
It's not my birthday today.	Ce n'est pas mon anniversaire aujourd'hui.
Thank you but it's not my birthday today.	Merci, mais ce n'est pas mon anniversaire aujourd'hui.
Tomorrow is my birthday.	Demain, c'est mon anniversaire.
What would you like to have?	Qu'aimeriez-vous avoir?
What would you like to eat?	Qu'aimeriez-vous manger?
What would you like to drink?	Qu'aimeriez-vous boire ?
What would you like to order?	Que voulez-vous commander?
What would you like to have for breakfast?	Qu'aimeriez-vous prendre pour le petit déjeuner?

What would you like to have for lunch?	Qu'aimeriez-vous avoir pour le déjeuner?
What would you like to have for dinner?	Qu'aimeriez-vous dîner ?
What a surprise!	Quelle surprise!
What a pleasant surprise!	Quelle agréable surprise !
Thank you for coming.	Merci d'être venu.
Thank you for everything.	Merci pour tout.
Thank you for your help.	Merci de votre aide.
When are you coming?	Quand arrives-tu ?
When are you coming back?	Quand reviens-tu ?
When are you coming home?	Quand rentres-tu à la maison ?
Are you French?	Tu es Français ?
Are you an Indian?	Êtes-vous un Indien?
Are you an American?	Êtes-vous Americain ?
Are you Japanese?	Vous êtes Japonais ?
Are you an Arab?	Êtes-vous un Arabe?
Are you Chinese?	Êtes-vous Chinois ?
Are you Italian?	Êtes-vous un Italien?
Are you Saudian?	Êtes-vous un Saoudien?
Are you British?	Êtes-vous Britannique ?

CHAPTER 8

VERBES COMMUNS

(common verbs)

Verbe avoir (to have)

French Singular	English
J'ai	I have
Tu as	You have
Il a	He has
Elle a	She has
Plural	
Nous avons	We have
Vous avez	They have
Ils ont	They have (masculine)
Elles ont	They have (feminine)

Verbe aimer (to like/love)

French Singular	English
J'aime	I like/love
Tu aimes	You like/love
Il aime	He likes/loves
Elle aime	She likes/loves
Plural	
Nous aimons	We like/love
Vous aimez	They like/love
Ils aiment	They like/love (m)
Elles aiment	They like/love (f)

Verbe détester (to hate)

French Singular	English
Je déteste	I like/love
Tu détestes	You like/love
Il déteste	He likes/loves
Elle déteste	She likes/loves
Plural	
Nous détestons	We like/love
Vous détestez	They like/love

| Ils détestent | They like/love (m) |
| Elles détestent | They like/love (f) |

Verbe faire (to make)

French Singular	English
Je fais	I make
Tu fais	You make
Il fait	He makes
Elle fait	She makes
Plural	
Nous faisons	We make
Vous faites	They make
Ils font	They make (m)
Elles font	They make (f)

Verbe dire (to tell)

French Singular	English
Je dis	I tell
Tu dis	You tell
Il dit	He tells
Elle dit	She tells
Plural	
Nous disons	We tell
Vous dites	They tell
Ils disent	They tell (m)

| Elles disent | They tell (f) |

Verbe aller (to go)

French Singular	English
Je vais	I go
Tu vas	You go
Il va	He goes
Elle va	She goes
Plural	
Nous allons	We go
Vous allez	They go
Ils vont	They go (m)
Elles vont	They go (f)

Verbe voir (to see)

French Singular	English
Je vois	I see
Tu vois	You see
Il voit	He sees
Elle voit	She sees
Plural	
Nous voyons	We see
Vous voyez	They see
Ils voient	They see (m)
Elles voient	They see (f)

Verbe savoir (to know)

French Singular	English
Je sais	I know
Tu sais	You know
Il sait	He knows
Elle sait	She knows
Plural	
Nous savons	We know
Vous savez	They know
Ils savent	They know (m)
Elles savent	They know (f)

Verbe pouvoir (can/ to be able to)

French Singular	English
Je peux	I can
Tu peux	You can
Il peut	He can
Elle peut	She can
Plural	
Nous pouvons	We can
Vous pouvez	They can
Ils pouvent	They can (m)
Elles pouvent	They can (f)

Verbe vouloir (to want)

French Singular	English
Je veux	I want
Tu veux	You want
Il veut	He wants
Elle veut	She wants
Plural	
Nous voulons	We want
Vous voulez	They want
Ils voulent	They want (m)
Elles veulent	They want (f)

Verbe devoir (must/to have to/should)

French Singular	English
Je dois	I must
Tu dois	You must
Il doit	He must
Elle doit	She must
Plural	
Nous devons	We must
Vous devez	They must
Ils doivent	They must (m)
Elles doivent	They must (f)

CHAPTER 9
METEO ET LES SAISONS

(Weather and Seasons)

French	**English**
été	summer
hiver	winter
printemps	spring
automne	autumn
le soleil	the sun
la lune	the moon
les étoiles	the stars
arc-en-ciel	rainbow
brouillard	fog
pluie	rain
neige	snow
thunder	thunder
ciel	sky
nuages	clouds
chaud	hot
froid	cold
pluvieux	rainy
agréable	pleasant
venteux	windy
humide	humid
douleur légère	mild
brumeux	foggy

cool	cool
ensoleillé	sunny
orageux	stormy
breezy	breezy
Le temps est beau.	The weather is nice.
Le temps est bon.	The weather is good.
Le temps est mauvais.	The weather is bad.
C'est agréable.	It is pleasant
Le temps est beau.	The weather is beautiful.
Il pleut.	It is raining.
Il neige.	It is snowing.
Il fait chaud.	It is hot.
Il fait froid.	It is cold.
C'est cool.	It is cool.
Il gèle.	It is freezing.
Il fait nuageux.	It is cloudy.
Il est ensoleillé.	It is sunny.
Le temps est humide.	The weather is humid.
Le temps est doux.	The weather is mild.
C'est orageux.	It is stormy.
Il est venteux.	It is breezy.

CHAPTER 10
ÉLARGIR LE VOCABULAIRE

(expanding vocabulary)

Les Animaux (the animals)

un âne	a donkey
un chat	a cat
un cheval	a horse
un chien	a dog
un conchon	a pig
un éléphant	an elephant
un hamster	a hamster
un jaguar	a jaguar
un kangourou	a kangaroo
un lapin	a rabbi t
un lion	a lion
un mouton	a sheep
un ours	a bear
un panda	a panda
un serpent	a snake/serpent
un singe	a monkey
un tigre	a tiger
un zèbre	a zebra
une biche	a doe (female deer)
une chèvre	a goat
une girafe	a giraffe
une souris	a mouse

| une tortue | a tortoise |
| une vache | a cow |

Les Oiseaux (Birds)

un aigle	an eagle
un canard	a duck
un canari	a canary
un cygne	a swan
un flamant	a flamingo
un hibou	an owl
un oiseau	a bird
un paon	a peacock
un perroquet	a parrot
un pigeon	a pigeon
une autruche	an ostrich
une corbeau	a crow
une dindon/dinde	a turkey
une mouette	a seagull
une oie	a goose
une poule	a hen/chicken

Les Fleurs (Flowers)

une tulipe	a tulip
une jonquille	a daffodil
une marguerite	a daisy
une pâquerette	a tiny wild daisy
une rose	a rose
un iris	a n iris
un aster	an aster
une violette	a violet
un pavot	a poppy
une orchidée	an orchid
un lys	a lily
une pensée	a pansy

Les Meubles (Furniture)

Une chaise	A chair
Une table	A table
Un lit	A bed
Une commode	A dresser
Une armire	A closet
Un canapé	A couch/ sofa
Un bureau	A desk
Une étagère	A bookshelf

Stationery

un livre	a book
un cahier	a notebook
un stylo	a pen
un crayon	a pencil
un règle	a ruler
une gomme	an eraser
une trousse	a pencil box
un cartable	a school bag
un taille crayon	a sharpener
un fichier	a file
les ciseaux	the scissors
un coupe-papier	a paper-cutter
le papier	the paper
une feuille de papier	a piece of paper
l'agrafeuse	the stapler
le trombone	the paper clip
un surligneur	a highlighter
un calculatrice	a calculator

CHAPTER 11

HISTOIRES

(stories)

Deux Chèvres Idiotes

Two Silly Goats

Une fois, il y avait deux chèvres idiotes. Ils voulaient traverser un pont étroit en même temps. Alors, ils ont commencé à se battre. Ils se sont battus et ils se sont battus et ils se sont battus. Enfin, les deux chèvres sont tombeés dans l'eau et se sont noyées.

Once there were two silly goats. They wanted to cross a narrow bridge at the same time. So, they began to fight. They fought and they fought and they fought. At last, both the goats fell in the water and got drowned.

Le Corbeau Assoiffeé

The Thirsty Crow

The Thirsty Crow

Une fois, il y avait un corbeau. Il avaitsoif. Il avait extrêmement soif. Il a cherché de l'eau partout mais ne l'a pas trouvée. Enfin, il trouva un pot d'eau. Mais l'eau était très basse.il a une idée. Il ramassa de pierres, des petites pierres, des pierres rondes et les mit dans le pot. L'eau est montée. Il but de l'eau et s'envola joyeusement.

Once there was a crow. He was thirsty. He was extremely thirsty. He searched for water everywhere but couldn't find it. At last, he found a pot of water. But the water was very low. He got an idea. He picked up stones, small stones, round stones and put them in the pot. The water came up. He drank the water and flew away happily.

Le Garçon Qui Criait Au Loup

The Boy Who Cried 'Wolf'

Il était une fois un garçon berger qui surveillait un troupeau de moutons près d'un village. Il a fait sortir les villageois trois ou quatre fois en criant : 'loup ! loup ! ' et quand ses voisins sont venus l'aider, il s'est moqué d'eux et a dit qu'il faisait des farces.

Un jour, un loup est vraiment venu. Le berger, maintenant vraiment alarmé, a crié dans une agonie de terreur : 'Venez m'aider, le loup tue les moutons' ; mais personne n'a prêté attention à ses cris, ni n'est venu pour l'aider. Le loup a mangé tous ses moutons. Le garçon a réalisé son erreur.

Personne ne croit un menteur, même s'il dit la vérité.

Once upon a time there lived a shepherd-boy, who watched a flock of sheep near a village. He brought out the villagers three or four times by crying out, "Wolf! Wolf!" and when his neighbours came to help him, he laughed at them and said he was playing pranks.

One day, a wolf really came. The Shepherd-boy, now really alarmed, shouted in an agony of terror: "Come and help me; the Wolf is killing the sheep"; but no one paid any attention to his cries, nor came out to help. The Wolf ate away all his sheep. The boy realized his mistake.

No one believes a liar, even when he speaks the truth.

AMIS POUR TOUJOURS

C'est une histoire africaine.

Une souris et une grenouille étaient amies. Chaque matin, la grenouille sautait de son étang et rendait visite à la souris qui vivait dans un trou.

La souris était ravie en compagnie de son ami et ignorait que son ami se transformait lentement en ennemi. La raison ? La grenouille se sentait malheureux que, bien qu'il ait visité la souris tous les jours, la souris n'a jamais fait une tentative de lui rendre visite.

Un jour, quand il était temps pour la grenouille de partir, il a attaché une extrémité d'une corde autour de sa propre jambe et l'autre à la queue de la souris, et a sauté loin, traînant la souris impuissante derrière lui.

La grenouille a plongé profondément dans l'étang. La souris a essayé de se libérer, mais ne pouvait pas, et bientôt noyé. Son corps gonflé flottait vers le haut de l'étang.

Un faucon a vu la souris flotter sur la surface de l'étang. Il descenda, et saisit la souris, s'envola vers la branche d'un arbre voisin. La grenouille, bien sûr, a été tiré hors de l'eau aussi. Il a désespérément essayé de se libérer, mais ne pouvait pas et le faucon bientôt mangé les deux.

En Afrique, ils ont un dicton: « Ne creusez pas trop profondément une fosse pour votre ennemi, vous pouvez tomber dedans vous-même ».

Friends Forever

This is an African story.

A mouse and a frog were friends. Every morning the frog would hop out of his pond and visit the mouse who lived in a hole.

The mouse was delighted in his friend's company and was unaware that his friend was slowly turning into an enemy. The reason? The frog felt unhappy that though he visited the mouse everyday, the mouse never made an attempt to visit him.

One day when it was time for the frog to leave, he tied one end of a string around his own leg and the other to the mouse's tail, and hopped away, dragging the helpless mouse behind him.

The frog dived deep into the pond. The mouse tried to free himself but couldn't, and soon drowned. His bloated body floated to the top of the pond.

A hawk saw the mouse floating on the pond's surface. He swooped down, and grabbed the mouse, flew to the branch of a nearby tree. The frog, of course, was hauled out of the water too. He desperately tried to free himself, but couldn't and the hawk soon ate them both.

In Africa they have a saying: 'Don't dig too deep a pit for your enemy, you may fall into it yourself'.

PRONUNCIATIONS

bon	bõ
c'est	sɛ
C'est bon.	sɛ bõ
petit	pəti
mauvais	movee
C'est mauvais.	Say movee
sympathique/ sympa	Simpathik/simpa
C'est sympathique.	Say sympathik
fantastique	funtaastik
absolument	Ab-so-lyu-mo
ici	eesee
trés	tray
zéro	Zairo
un	U
deux	Du/dyu
trois	Trooaa
quatre	Katr
cinq	Saink
six	Sees
sept	Set

huit	Wui
neuf	Nuf
dix	dees
onze	Onz
douze	Dooz
treize	Traiz
quatorze	Kwatorz
quinze	Qwainz
seize	Seez
dix-sept	Dee-set
vingt	vaint
vingt-et-un	Vaint-e-u
trente	traint
quarante	kwaraant
cinquante	saikwaant
soixante	saoyekzaant
cent	sent
matin	maatain
jour	joor
après midi	Upre-midi
soir	Soo-aar

nuit	Noo-i
Salut	s-lyu
Monsieur	Mo-zi-ye
Madame	mdaam
Mademoiselle	madeymozel
Au revoir	o-vooaa
Comment allez-vous?	Kama-taaley-voo
Bienvenue	Beeye-venyu
Merci	mersee
désolé	disoul
À demain	a-dimay
À Bientôt	a-beeyen-to
Je vais bien	j-v-biye-
Pas bien	Paa-biye
Pas mal	Paa-maal
Quel est ton nom?	Kel-e-to-no
Mon nom est---	Mo-no-e
Oui	ooii
Non	no
S'il vous plait	Sil-vu-play
Excusez-moi	Exkyu-zay-mooaa

Pardonnz-moi	Paar-donay-mooaa
Aujourd'hui	Ajur-dooii
Quoi ?	kwah
Quand ?	Kon
Qui ?	kee
Comment ?	komon
Comment vous appelez-vous?/ Comment t'appelles tu ?	Komon voo apelay-voo/komom tapele tyu
Je ne comprends pas.	J n komprends paa
Que veut dire ca ?	K vyat deerey sa
Merci beaucoup	Mersee bookoop
Enchante	on shon tay
Ca roule ?	Sa roolay
Et toi ?	E tooaa
Ca va le travail ?	Sa va latravel
De rien	duh ryan
Je suis desole.	J sooii disoul
Vas-y/ allez-y	Vaay/aalay-y
sers-toi !	Sayrz twa
Pouvez-vous ?	Poovay voo
Au secours !	O sikoorz

Combien ?	kom byan
Ou ?	oo
Pourquoi ?	pou kwah
Quel/ quelle/ quels/ quells ?	kel
Quelle heure est-il ?/ il est quelle heure ?	kel hyur e il/ il e kel hyur
Peut-etre	pyut etr
jamais	jmay
ma	maa
mes	may
mon	mo
parents	paa-ron
grands	grond
famille	faa meel
père	pey rey
mere	mey rey
arriere	aree er
frère	frey rey
soeur	soy r
oncle	onkl
tante	taant
cousin	ko zn

belle	bell
beau	bou
demi	deymi
fils	fils
fille	filley
gendre	gondrey
bru	broo
mari	maari
epoux	epoux
femme	faimm
epouse	epouz
neveu	nevyu
niece	nees
aine	ayn
ainee	aynee
cadet	kadet
cadette	kadett
benjamin/ benjamine	benjamin/benjameen
etendue	etendyu
recompose	rekompos
est	ay

n'est pas	nay pa
sont	son
Il/elle	il/el